AF176662

1

HERZWEGE

Heike Blietz

Bibliografische Information der Deutschen Nationalbibliothek:
Die Deutsche Nationalbibliothek verzeichnet diese Publikation
in der Deutschen Nationalbibliografie, detaillierte
bibliografische Daten sind im Internet über http://dnb.dnb.de
abrufbar.

HERZWEGE
Originalausgabe © 2019 Heike Blietz
Herstellung und Verlag:
BoD – Books on Demand, Norderstedt
Cover, Layout und Lektorat: Alexandra Bucurescu

ISBN: 978-37528-2315-8

VORWORT

Bevor wir uns auf den Weg des Herzens begeben, möchte ich noch kurz ausführen, warum mir dieses Thema so wichtig ist.

Aufgewachsen in Berlin begann ich schon in meiner Jugend festzustellen, wie unterschiedlich mein Verstand oder auch das Ego gegenüber meinem Herzen reagierte. Jede Seite für sich hatte gute „Argumente". Höre ich also auf mein Gefühl, oder ordne ich die Dinge, Situationen verstandesmäßig ein und lasse mein Ego die Entscheidung treffen?

In meinem Beruf als Shiatsu-Praktikerin zeigte sich mir immer wieder, wie wichtig es ist, seinen Gefühlen Ausdruck zu verleihen und den Menschen in seiner Gesamtheit zu sehen, damit der Verstand mit dem Herzen wieder in Verbindung treten konnte.
Dies kommt leider in unserer kopflastigen, oftmals nur noch funktionierenden Lebensweise viel zu kurz.

Hier findet der Leser „das Gehör des Herzens", dass sich in seinen Gefühlen ausdrückt, welche jeden von uns im Inneren erreichen. Das Herz möchte mehr Gewicht erhalten in einer Zeit, die hauptsächlich vom Verstand und unserem Ego geprägt ist.
Eine Reise, die uns zeigt, dass diese Gefühle niemals schwach sind, dass die innere Stimme ein Wegweiser ist, der uns erkennen lässt wer wir sind.

Unser Herz ist somit ein wohlwollender Partner des Verstandes und lässt uns in diesem Verbund alles erreichen.

Berlin, 11.01.2019   Heike Blietz

Inhalt

Wort

Mit einem Wort - so fange ich an -
beginnt es aus dem Herzen zu fließen sodann,
ist es heute ganz neutral,
kein bestimmtes Wort zur Wahl.

Doch allein das Wort,
gibt bekannt den Ort,
wo wir uns gerade befinden,
wir uns vielleicht neu erfinden.

Kann in ihm auch die Neutralität liegen,
geht es nicht immer darum zu siegen,
können wir mit diesem auch fliegen,
und uns für alle Zeit verlieben.

Ein Wort – leicht oder schwer,
zeigt uns, was wollen wir sehr,
oder was können wir hinter uns lassen,
mit welchem Dingen uns näher befassen.

So liegt in jedem Wort immer ein Sinn,
sagt uns, wo wollen wir hin,
den Weg gibt es uns zu erkennen,
nicht vor diesem oder jenem wegzurennen.

Ein Wort, nicht nur dahin gesagt,
von Bedeutung was es hinterfragt,
Überzeugung liegt darin,
stellst du dich damit hin.

Gibt es so reichliche Wörter nun,
sie können auch wehtun,
können verletzen und auch kränken,
darum wir sie mit Bedacht lenken.

Ein Wort, in dem schwingt die Liebe,
dass es immer bei mir bliebe,
fühlt sich einfach schön an,
so bleibe ich achtsam.

Wissen, was Worte bewirken können,
sie können schließlich alles benennen,
geben uns vieles zu erkennen,
darum seien sie sorgsam gewählt.

Spontanität

in letzter Zeit oft erlebt,
in ihr liegt die Originalität,
sich die Freiheit zu nehmen,
was möchte ich mir geben.

Einladung hier, Treffen da,
finde ich es müßig, oder gar egal,
gehe ich hin, oder bleib ich zu Haus,
ich weiß was ich will, kommt es spontan aus mir
heraus.

Verpflichtungen gibt es keine,
ich entscheide für mich es ganz alleine,
was ich brauche, was ich muss,
Spontanität, ist der Weisheitsschluss.

Oder einfach auch ein Zauberwort,
was mich begleitet an jedem Ort,
gebe mich keinen Zwängen hin,
wichtig für mich, wo ich richtig bin.

Spontan sich dann zu entscheiden,
liegt so viel Freiheit darin,
ich dann einfach glücklich bin,
hat es mich hier oder dorthin getragen.

Den Sinn zu sehen, gibt es keine Fragen,
Wichtiges gab es zu sagen,
kann so vieles mitnehmen dann,
dass ich weiß, was fange ich damit an.

Vertrauen liegt in dem Spontanen,
kannst du es oftmals gar nicht erahnen,
wohin soll das nun führen,
doch das Glück lässt sich damit berühren.

Balance

zwischen Arbeit und Ruh,
der Fülle und der Leere,
zwischen Körper und Geist,
weiß jeder, was Balance heißt.

Doch gehalten wird sie in seltenen Fällen,
wir jonglieren meist mit 4 Händen,
funktionieren hier und dort,
die Balance, schon lange nicht mehr vor Ort.

Gibt es viele Techniken und Methoden,
die Balance auszuloten,
nehmen wir uns diese oft auch vor,
bleibt im Alltag geschlossen das Tor.

Balance – sie ist wichtig,
erhält uns die Kraft,
die wir so dringend brauchen,
um nicht auszulaugen.

Darum sollten wir uns auf sie besinnen,
tut uns wieder die Zeit durch die Finger rinnen,
wenn wir damit nicht fangen an,
sind wir am Ende... irgendwann.

Balance, also mehr als ein Akt,
der uns aufmerksam macht,
was wir brauchen und können tun,
um uns effektiv auszuruhen.

Braucht die Arbeit nicht warten,
können wir wieder voller Kraft starten,
und ist der Akku wieder leer,
denk an die Balance und hole sie her.

Fragil

Dieses Wort ist mir heute im Sinn,
weiß, dass auch ich zerbrechlich bin,
ist dies dem Menschen eigentlich bewusst,
bei allem was er tun muss, er muss...

So gibt es für dieses Wort keinen Platz,
Mut, Kraft und Stärke der eigentliche Schatz,
doch schaut man in sich hinein,
stellt man fest, können wir auch zerbrechlich sein.

Diese sanfte und zarte Seite,
sie führt noch in eine ganz andere Weite,
schaut viel weiter über den Rand hinaus,
die Welt, der Mensch sieht anders aus.

Alles nehmen wir bewusster wahr,
wir sehen die Dinge auf einmal so klar,
nicht überfrachtet von Aspekten der männlichen Seite,
sucht sich die Weibliche, das, was ihr die Freude bereite.

Durch alles kann sich die Zerbrechlichkeit ziehen,
den Erfolg, das Glück, die Liebe oder das Leben zu verlieren,
darum wundert es nicht sehr,
fällt dem Menschen dieses Wort so schwer.

Dabei ist das zu lassen nicht schwach,
kommt immer darauf an, was man daraus macht,
umso mehr Aufmerksamkeit wir dem verleihen,
fängt jeder Same an, zum Pflänzchen zu gedeihen.

So liegt dort die Basis aller Kraft,
die uns begleitet und alles erschafft,
im Sanften und Zartem,
müssen wir nicht mehr gehören zu den Harten.

Lassen wir diesen Schluss zu,
ich das richtige für mich und andere tu',
mit Gefühlen in mir drin, spüre, dass ich zerbrechlich bin,
gibt es dem Leben, in der Tiefe einen ganz anderen Sinn.

Verloren

In ihm ist der Schmerz geboren,

geht er seinen Weg,

einsam und allein steht er am Steg,

schaut in die Weite hinaus, stellt fest - es ist aus.

Das Herz vor Trauer weint,

jeder für sich allein,

die Liebe für immer verloren,

wo fühle ich mich noch geborgen.

Alles um mich herum ist fahl und schal,

das Leben alleine eine Qual,

fühle ich mich in meinen Gefühlen verloren,

bin ich dazu geboren...?

Wo ist die Liebe geblieben,

möchte mich so gern verlieben,

mich lebendig fühlen,

das zusammen mit dir spüren.

Wo bist du da draußen,

gehe ich genug ins Außen,

um auf dich - die Liebe zu treffen,

sie wird mich retten.

Ich erkenne, ich finde dich,

mit dir im lila Licht,

die Hoffnung ist geboren,

nie wieder verloren!

Gilt es wie eine Blume zur Sonne zu streben,

um die Liebe zu finden und zu erleben,

so bleibe ich dran,

bis ich dich gefunden habe – irgendwann.

Türkis

Was gibt es damit für Assoziationen,
oder bestimmte Situationen,
wo mir fällt diese Farbe ein,
fange ich einfach an zu schreiben.

Türkis, in ihr liegt die Kreativität,
verbindet sich mit Originalität,
nicht nur ein Ton des Meeres, einer Lagune, einer Bucht,
sie macht aufmerksam, auf das, was man sucht.

Ein unglaublicher Ausdruck liegt in ihrer Natur,
ob verbal, gemalt oder auch als Ton,
wussten es bestimmte Kulturen immer schon,
hat er auch als Stein ein ganz bestimmtes SEIN.

Heute können wir türkis überall finden,
zieht uns vielleicht magisch an,
ist es zu untersuchen,
was wollen wir versuchen.

Diese Farbe möchte spielen,
auch sich zu verlieben,
in die verschiedensten Dinge der Welt,
sie unglaublich unser Gemüt erhellt.

Darum zieht es uns an den Strand,
nicht nur umgeben vom puderhaften Sand,
bringt erst die Sonne dieses Blau zum Scheinen,
fühle ich mich im Reinen.

An diesem Ort für immer zu verweilen,
mit dem Blick auf das türkisfarbene Meer,
spüre ich die Kraft in mir sehr,
fühlt es sich leicht an und nicht mehr schwer.

...darum liebe ich türkis so sehr.

Realität

Wir wissen wie sie geht,
was man unter ihr versteht,
es ins Außen zu transportieren,
das Innere zu transformieren.

Dort möchten wir hin,
diese Dimension hier und jetzt erfahren,
die bedingungslose Liebe bewahren,
zeigt uns die Energie, wie es geht.

Nichts zu verlieren, mal etwas riskieren,
sich für die Liebe und den Frieden interessieren,
sich nicht genieren, eher inspirieren,
um es schließlich zu realisieren.

So stehen wir da,
wissen, das was wir fühlen, ist wahr,
es wird endlich erfahrbar,
die Realität... sie zeigt, wie es geht.

Lassen wir uns darauf ein,
ganz egal, was stellt sich ein,
sind unsere Herzen so rein,
kann sich nur einstellen, das Glück, von ganz allein.

Wir vertrauen diesem Weg,
ganz gleich, was für uns ansteht,
wissen wir, wie es geht,
führt die Liebe in die Realität.

Das zusammen mit dir erleben,
in dieser Realität alles geben,
was uns glücklich macht,
das Herz, die Seele vor Freude lacht.

Erfahrbar

Was für ein wunderbares Wort,
es begleitet mich von Ort zu Ort,
darin ist alles enthalten,
um seine Persönlichkeit zu entfalten.

Dieses Wort, es gibt uns Raum,
macht wahr unseren Traum,
kommt überall hin mit,
und hält, wenn wir wollen, mit uns Schritt.

Doch nicht immer will der Mensch alles erfahren,
sich doch manchmal lieber die Illusion bewahren.
Jedoch bringt diese einen nicht weiter,
oder gar für irgendetwas bereiter.

Sicherheit und Kontrolle in solcher Situation,
führen, ob man es glaubt oder nicht, zur Stagnation,
es lässt kein Wachstum zu,
die Entwicklung und den Erfolg, den vermisst du.

Alles im Leben erfahrbar zu machen,
fängt dein Herz augenblicklich an zu lachen,
experimentiert, arrangiert und inspiriert dich zu gleich,
dass die Dinge werden im Leben ganz leicht.

So wirst du reichlich belohnt,
wenn du dich nicht mit der Illusion schonst,
sondern lässt dein Herz alles tun,
erfahrbar wird es nun.

Wesentlich

Das Wesentliche vom Unwesentlichen trennen,
um darin zu erkennen,
zeigt es, was ist wirklich wichtig,
dann zu wissen, es ist richtig.

Sich auf das Wesentliche zu beschränken,
lassen sich Dinge leichter lenken,
dort liegt der Fokus,
der einfach Erfolg haben muss.

Denn Ablenkung wird nicht mehr erfahren,
wir die Aufmerksamkeit auf dem Wesentlichen bewahren,
sind wir für sie bereit,
erscheint uns kein Weg dafür zu weit.

Macht alles viel leichter dann,
wir fangen automatisch an,
unsere Ziele zu fokussieren,
und sie nicht aus den Augen zu verlieren.

Bleiben an unseren Träumen und Wünschen dran,
wissen sie werden wahr… irgendwann,
die Zeit ist dabei unwesentlich,
gibt es Schritte, auch nur gelegentlich.

Geht es manchmal fast unmerklich voran,
gibt es keine Frage nach dem Wann,
wichtig ist anzufangen,
und das am besten ganz unbefangen.

Viel leichter geschrieben,
doch alles was wir lieben,
das Wesentliche ist,
wird kein Erfolg, kein Ziel je mehr vermisst... es IST!

Ziel

Worin liegt dieses im Alltag?
Sind es Dinge, die man mag,
die uns weiterbringen,
uns leicht gelingen.

Oder stellt es vielmehr eine Herausforderung dar,
wünschen, dass er sich entwickelt nun,
fleißig, beständig in unserem Tun,
mit viel Mut, Kraft in jeder Situation.

Den Erfolg anzustreben,
Reichtum und Glück im Leben,
ist das die eigentliche Motivation,
anderen zu zeigen, ich kann es schon….

Können Ziele so vielfältig sein,
ganz egal, was stellt sich ein,
sind sie groß oder eher klein,
sie alleine zu haben, wäre fein.

Sorgen für eine Art Sinn im Leben,
dieses kann uns so viel geben,
fühlt sich einiges lebendiger an,
kommen wir auch da mit dem Ziel heran.

Ein Ziel, lässt uns streben,
uns vieles anders erleben,
kommt es aus unserem Herzen heraus,
die Welt da draußen sieht anders aus.

Geht es dabei nicht um Macht und Geld,
was für eine Zeit das Gemüt erhellt,
vielmehr was einem wirklich am Herzen liegt,
Ziele, die man aus dem Innersten heraus liebt.

Wir fühlen uns nicht mehr allein,
sondern Verbundenheit mit allem stellt sich ein.

Mit dir

möchte ich vieles erleben,
kann ich auch alles geben,
im Jetzt und Hier,
mit dir....

zusammen sein,
am endlosen Strand allein,
im Jetzt und Hier,
mit dir....

eng umschlungen,
ich liebe Dich – ins Ohr gesungen,
im Jetzt und Hier,
mit dir...mit dir....

fühlen wir unsere Wärme,
wissen, was hätten wir gerne,
im Jetzt und Hier,
mit dir...mit dir...

ziehen wir uns dicht aneinander heran,
spüren die Verschmelzung sodann,
im Jetzt und Hier,
mit dir... nur mit dir...

sind wir ineinander versunken,
von Liebe und Licht trunken,
im Jetzt und Hier,
mit dir... nur mit dir...

werden wir zu einem Ganzen,
wir zusammen in den Sonnenuntergang tanzen,
im Jetzt und Hier,
nur mit dir… nur mit dir….

DAS wünsche ich mir!

Glück

dieses Gefühl lag in der Luft,
deine Stimme, die mich ruft,
fühle ich, dass ich glücklich bin,
nehme das nicht so einfach hin.

Spüre ein wenig mehr hinein,
stelle fest, bin damit nicht allein,
da es bei dir genauso ist,
wenn ich dich auch schon wieder vermiss´.

Lässt uns das Glück dies gut tragen,
auch wenn wir nicht viel sagen,
liegt es um uns, wie ein Mantel,
damit fortfahren kann der Wandel.

Fühlt es sich so glücklich an,
kommen wir da nur mit der Wahrheit dran,
die offen unser Herz sprechen lässt,
damit ich meine Wünsche und Träume nicht
vergess'.

Die Liebe, das Glück von dir,
es gelangt augenblicklich zu mir,
öffnet mir jede Tür,
damit ich alles richtig erspür'.

Es lässt uns zur Hochform auflaufen,
muss mir nicht teure Dinge kaufen,
um glücklich zu sein,
schaue ich lieber in mich selbst hinein.

Mein Herz so voll,
findet viele Sachen toll,
was wir mit Geld nicht können machen,
und ist es einfach zu lieben und zu lachen.

Sich mit dir oder anderen zu verbinden,
gemeinsames Glück empfinden,
für das - was wir lieben,
wir damit in die Glückseligkeit fliegen.

Schwere...

...liegt in der Leere,
mein Herz voller Traurigkeit ist,
frage ich mich warum,
was ist passiert?

Folgt auf die Leichtigkeit die Schwere,
auf die Fülle die Leere,
soll das so sein,
um im Gleichgewicht zu bleiben?

Sehen nicht nur die eine Seite,
das, was uns die Freude bereite,
schauen wir auch zur anderen Seite hin,
hat alles schließlich seinen Sinn.

Wissen wir, wie sich beides anfühlen kann,
können wir alles ganz anders wertschätzen dann,
darum sind beide Seiten richtig,
dies zu erkennen für uns wichtig.

So gebe ich mich der Schwere hin,
auch wenn es heißt, dass ich traurig bin,
weiß ich, dass alles ist zeitlich beschränkt,
die Freude, dass Glück es mich dorthin lenkt.

Erkenne, das eine kann ohne das andere nicht sein,
mit vielem verbunden, doch manchmal allein,
vor Freude und Glück das Herz geht auf,
kommt auch die Ruhe und Stille aus dem Inneren herauf.

Alles annehmen zu können,
stellt sich Gleichmut und Gelassenheit ein,
fühlen uns dann mit der Schwere nicht allein,
das Wissen - so soll es gerade sein.

Kommt uns die Leichtigkeit wieder besuchen,
fühlen die Kraft und den Mut, es neu zu versuchen,
das, was uns im Augenblick so stark interessiert,
es nicht darum geht, was man verliert.

Verlust

Ist er uns allgegenwärtig und bewusst,
dieser uns stets begleiten muss.
Wie es so wäre dann,
kommt die Angst mit großen Schritten heran.

Werden von Vorstellungen überrollt,
uns das Schicksal womöglich einholt,
der Gedanke nimmt Formen an,
sind überrascht, wenn es eintrifft sodann.

Wie kann man dem begegnen,
nicht alles schwarz in schwarz zu sehen,
zu verlieren die unterschiedlichsten Sachen,
aufgehört hat unser Lachen.

Verlust kann uns lähmen,
einen weiteren Schritt zu gehen,
ein Risiko mehr zu wagen,
egal in welchen Lebenslagen.

Merken, wir kommen so nicht weiter,
die Angst wird breiter und breiter,
nimmt schon so viel Platz in meinem Raum,
dass ich möchte, dass er aufhört – der Alptraum.

Ist es an der Zeit, einen Cut zu machen,
sich zu fokussieren auf andere Sachen,
die uns persönlich am Herzen liegen,
die wir über alles lieben.

Dorthin unsere Energie zu lenken,

gibt es Glück, Freude und den Erfolg zu verschenken,

hast du damit angefangen,

kannst du den Verlust hinter dir lassen.

Glaube

Mit diesem können wir viel machen,
die unterschiedlichsten Sachen.
Er kann uns Mut und Kraft geben,
den wir brauchen in unserem Leben.

Wenn es mal nicht so läuft,
Krankheit und Unglück uns überhäuft.
Oftmals werden wir uns ihn dann erst bewusst,
wir stark genug glauben, sich etwas ändern muss.

Er uns sagen kann, was ist zu tun.
Die Frage stellt sich - vertraue ich ihm nun.
Wird dieser doch oft auch noch anders genutzt,
etwas anderes glauben zu lassen, dazu benutzt.

Vieles möchte im besonderen Licht erscheinen,
und alles, was dem nicht entspricht,
bringt der Glaube daran, dass nötige Licht,
die Wahrheit, ich sage sie dir nicht.

Der Glaube, er kann nur in uns ruhen,
wir wissen dann, was ist zu tun,
andere ihn missbrauchen wollen,
uns damit konfrontieren, was wir glauben sollen.

So stelle ich mich auf *meinen* Glauben ein,
lasse ihn nicht diktieren von anderen allein,
habe dann eine differenzierte Sicht,
was richtig ist und was nicht.

Der Glaube - eine wunderbare Sache,
kommt alleine darauf an, was ich aus ihm mache.
Bekomme ich ein Gespür für das Wahre,
er mich vor falschem Glauben bewahre.

Endgültigkeit

Eine Schwere in diesem Wort,
ist es gerade bei mir vor Ort,
und ich spüre sofort,
hier möchte ich fort.

Doch ich kann nicht vor ihm fliehen,
hat etwas vom Verlieren,
damit wird die Hoffnung begraben,
egal um was es geht, findet es kein Erbarmen.

In ihm steckt das Ende,
steht es auch für eine Wende,
die nur geschehen kann, lassen wir sie zu,
wissen, was ist zu tun.

Endgültigkeit, sind wir jemals für sie bereit,
diese hinzunehmen,
dem Schicksal ergeben,
die Hoffnung bleibt am Leben.

Solange es die Hoffnung gibt,
kann es kein „endgültig" geben,
findet dieses oder jenes wieder Leben,
wird sich eine andere Sicht ergeben.

Wir den Sinn dann sehen,
warum musste es zu Ende gehen,
ist es nun für immer vorbei,
oder gibt es der Dinge zwei?

Das wir die Aufmerksamkeit auf etwas anderes lenken,
wir nicht nur in eine Richtung denken,
dies macht uns die Endgültigkeit auch bewusst,
sich manches vielleicht ändern muss.

Und erst dem Ende ins Auge gesehen,
stellt sich ein - das Verstehen,
voller Hoffnung einen neuen Weg entlang,
auf dem ich die Freude oder den Erfolg empfang'.

Bewusstsein

Stellte sich heute die Frage ein,
wie groß kann das Bewusstsein sein.
Ist es nur in unserem Inneren drin,
wichtig dafür - wer ich bin?

Oder geht es weit über uns hinaus,
weit in die Welt da raus,
gibt es dafür überhaupt eine Grenze,
ist es egal, wohin ich es lenke?

Bewusstsein - wir sind von diesem umgeben,
es bestimmt unser Leben,
im Inneren groß und weit,
ist auch das Außen dafür bereit?

Können wir beides verbinden dann,
fängt es erst so richtig an,
merken auf einmal, wie leicht alles geht,
kein Widerstand uns irgendwie aufhält.

Bewusst stehen wir allem gegenüber,
der Zweifel, die Angst ziehen vorüber,
lässt es unsere Energie finden,
sich mit allem zu verbinden.

Vertrauen und Erfolg stellt sich ein,
wir merken, wir sind nicht mehr allein,
zusammen bewusst zu sein,
stellt sich alles was wir wollen, wie von alleine ein.

Egal...

...ist momentan als Stimmung in mir drin,
Gleichgültigkeit, wo ich auch bin,
sie macht sich gerade so breit,
Wege sie scheinen unendlich weit.

In „egal" steckt auch die Qual,
habe ich nicht wirklich die Wahl,
in welchem Tempo zu gehen,
irgendwo ein Ergebnis zu sehen.

Stillstand ist eingetreten,
mein Inneres davon betreten,
gehe ich zwar weiter,
Unlust als Begleiter.

Weiß ich, dass ich dies nur annehmen kann,
es ändert sich wieder irgendwann,
brauche nicht wirklich lange darauf warten,
um wieder erneut zu starten.

Frage mich dabei welche Richtung es ist,
ein tiefes Gefühl von „Ich vermisse dich",
für deine Ignoranz und Gleichgültigkeit bereit,
bin ich für das EGAL soweit.

Dabei spüre ich Stille,
wie sieht er aus - mein Wille,
egal - zu wandeln in Gleichmut,
egal wie weh es tut, gibt er uns den Mut,

der uns fühlen lässt, alles wird GUT.

Abendrot

Hier an diesem himmlischen Ort,
fehlt mir fast das Wort.
In rosarot auf himmelblau,
ich dabei in die Ferne schau.

Über die spiegelglatte See,
ich bis zum Horizont seh',
ist es geworden still,
bin ich mir klar, was ich will.

Meinem Herzen folgen,
frei von Zweifel und Sorgen,
mit tiefer Liebe in mir drin,
weiß ich jetzt, wer ich bin.

Wohin der Weg auch führt,
es mich nach wie vor berührt,
wie tief ich in Liebe sein kann,
wenn eine Resonanz fängt an.

Ganz gleich, wo diese dann liegt,
die Energie der Liebe zu mir fliegt,
ob mit dem Menschen oder der Natur,
fühle ich mich lebendig und pur.

Es gibt mir Kraft und macht mich stark,
ich es aus dem Innern nach außen trag,
bin ich erstaunt über meine Erfolge,
ich mit großen Dank den Impulsen in mir folge.

So weiß ich, was ist zu tun,
das mache ich auch nun,
die Wege – sie werden zu Ende gegangen,
auch wenn ich etwas Neues anfange.

Abendrot so wunderschön,
kann ich in mein Herz hineinsehen...

Gewitter...

...im Außen,
können wir nicht nach draußen,
blitzt, donnert und kracht,
besonders auch in der Nacht.

Zwei Fronten aufeinander prallen,
lassen es ordentlich knallen,
Entladung sich im Licht zeigt,
der starke Regen sich zu Ende neigt.

Erlebt dies nicht nur die Natur,
an uns auch nicht vorübergeht - einfach nur,
kann es auch in uns Gewitter geben,
die auf Entladung wartet eben.

Können wir es auch donnern und krachen lassen,
müssen uns mit Auseinandersetzungen befassen,
kommt der reinigende Regen von ganz allein,
stellen sich die Tränen ein.

Wenn sie dann aus uns fließen,
sich in Traurigkeit ergießen,
fühlen wir wie die Wolken vorbeiziehen,
Blitz und Donner ihre Intensität verlieren.

Ziehen die restlichen Wolken vorbei,
stellt sich wieder die Sonne ein,
färbt der Himmel sich wieder blau,
fühlen wir uns vielleicht auch noch „mau".

Doch umso länger die Sonne wieder scheint,
wird unsere Stimmung immer heller,
wir regenerieren viel schneller,
fühlen uns wieder klar.

Diese Klarheit liegt dann in der Luft,
eine Lösung in uns ruft,
dem Kreislauf des Lebens zu folgen,
brauchen wir uns nicht mehr zu sorgen.

Schlaflos...

...wälzte ich mich im Bett umher,
Bilder, sie beschäftigten mich sehr.
Was wollten sie mir sagen?
Ich fing an zu fragen.

Antworten, die mir nicht gefallen,
durch die Nacht förmlich hallen,
wollte ich sie wegschieben,
blieb ruhelos im Bett liegen.

Weg vom ursprünglichen Plan,
was fange ich mit diesen Gedanken an,
kann das wirklich alles wahr sein,
lasse ich mich darauf ein.

Meinen Impulsen nachgeben,
zu erkennen und mit ihnen leben,
das tue ich konsequent,
meinen Erfolg daran erkennt.

Können sie natürlich unbequem sein,
oftmals stellt sich Veränderung ein,
die der Verstand nicht haben will,
dennoch – es bleibt nicht still.

Ich kann mich diesem Impuls nur stellen,
Energie sie kommt in Wellen,
nach Lösung und Umsetzung sucht,
bleibt es nicht bei einem Versuch.

Zu Vertrauen, auf diesen zu bauen,

das habe ich gelernt,

die Vorstellung vom Verstand so weit entfernt,

kann ich es erst mal wirken lassen.

Widerstand hat keinen Sinn,

weiß ich, dass ich konfrontiert damit bin,

mich damit auseinanderzusetzen,

wird es mich verletzen.

Gilt es durchzukommen,

tue ich weitere Impulse bekommen,

wie dem zu begegnen ist,

ich jetzt schon weiß, dass ich das „Alte" vermiss´.

Doch nichts bleibt im Leben still,

es etwas ganz eigenes will,

Veränderung wohin wird sie mich bringen,

wird mir die Herausforderung gelingen.

Davon gehe ich aus,

gebe auf keinen Fall auf,

alles im Leben soll so sein,

darauf stelle ich mich nun ein.

In Verbindung mit allen sein,

wird es immer einen Sinn geben,

dieser lässt uns leben,

und alles gehört dazu… nicht nur du.

Grenzgänger

Ist nichts für Anfänger,
sich an Grenzen zu wagen,
darüber hinaus zu ragen,
liegt in ihrer Natur.

Bei sich selber fangen sie an,
treffen damit auch das Gegenüber,
ziehen sich oftmals zurück,
erkennen nicht, das Wachstum und Glück.

Grenze, diese zu verlassen,
müsste man sich erst mit ihnen befassen,
herausfinden wo sie liegen,
und sich nicht selbst dabei belügen.

Werden wir von anderen damit konfrontiert,
sind wir erst mal irritiert,
zeigen uns auf, wo könnten wir sein,
würde unsere Grenze nicht so hell schein'.

Grenzen sind da, um sie zu überwinden,
nicht nur im Außen auch im Inneren,
Mut zur Veränderung wird gebraucht,
damit sich unser Leben nicht in Stagnation verbraucht.

Treten wir schließlich aus dem Kreis,
über die Grenze, ist es vielleicht dort auch heiß,
die Aufregung noch zu spüren,
fühlen wir eine Kraft – sie wird uns führen.

So haben wir den Schritt geschafft,
aus ganz eigener Kraft,
bekommen wir eine andere Sicht der Dinge,
uns somit die Veränderung gelinge.

Seine eigenen Grenzen zu kennen,
lässt uns leichter aus dem Kreis rennen,
abwechslungsreich wird das Leben,
Grenzgänger danach streben.

Dunkelheit

Du schaust mir nicht mehr ins Gesicht,
es wurde dunkel, gab kein Licht.
Schatten wurden nach oben getragen,
hatten wir uns nichts mehr zu sagen.

Ängste, sie plagten,
keine Antworten auf viele Fragen,
die Räume immer enger,
schnürten, würgten die Kehle zu.

Freiheit zu erleben,
konntest du sie nicht geben,
legtest um mich eine Schlinge,
ich nach Luft ringe.

Statt Visionen, Aggressionen,
die mich nicht schonten,
verletzend, schmerzhaft, demütigend
fühltest dich - als der Regent.

Kam kaum ein Wort noch aus mir raus,
das Feuer, die Liebe - schon lange aus,
nichts ist mehr übrig geblieben,
außer - sich neu zu verlieben.

Frei, mein eigener Herr,
vom Leben möcht' ich so viel mehr,
lachen, lieben, sich vergnügen,
fühlen, berühren und spüren.

Wie lebendig wir doch sind,
jeder sein Glück jetzt find,
die Liebe zu leben,
Segen und Glück sich ergeben.

So sage ich adieu,
den gemeinsamen Jahren,
das Schöne stets bewahren,
ins Dunkel Licht gebracht.

Ohne dich

Ich liebte dich,
du mich nicht,
oder doch?
Fielen wir in ein tiefes Loch.

Ging jeder seiner Wege,
sich der Schmerz lege,
tauchten wir wieder auf,
die Dinge nahmen ihren Lauf.

Das, was uns verband,
verschwand,
unmerklich beinahe, einfach so,
wussten wir es nicht sowieso?!

Zu unterschiedlich unsere Welten,
zogen wir uns magisch an,
doch dann... doch dann...
fielen wir - in ein irgendwann.

Du als ein Teil von mir,
gehörte ich zu dir,
blieb die Wahrheit hier,
ich schenkte sie dir.

Das letzte was ich tat,
gibt es keinen Rat,
auch kein Tun,
ist es einfach zu Ende nun.

Ein Leben ohne dich,
diese Zeit vergesse ich nicht,
hat mir viel bedeutet,
das sollst du wissen,
gibt es hier und da noch ein Vermissen.

Heißt es von nun an - ohne dich!

Lebendigkeit

Müdigkeit, sie holt mich ein,
soll es wohl so sein,
liegt in der Stille,
noch ein ganz anderer Wille.

Sanft und zart,
dieser sich paart,
sind meine Augen schwer,
Gedanken, sie bleiben leer.

Kein Aufbegehren,
kein sich wehren,
im Nichts, wo alles ist
gilt es das zu erkennen.

Ich kann dann benennen,
was ich will,
in der Still,
im scheinbar leeren Raum.

Zeigt es sich,
was ist von Gewicht,
wer ich bin,
der Sinn.

Erinnerung an Wissen,
tun wir es auch vermissen,
zeigt es sich von Zeit zu Zeit,
bist auch du dafür bereit.

Zu erschaffen den Gedanken,
gibt es beim Handeln kein wanken,
erfährst es nun,
gibt deiner Seele Ruh.

Gefühle, die entstehen,
sie wollen in die Handlung gehen,
und dabei die Erfahrung erleben,
wie lebendig fühlt sich das Leben an.

Fokus

Sich für ihn zu entscheiden,
wird dieser dein Weg begleiten,
mit einem Ziel vor Augen,
dem zu trauen.

Zu fokussieren,
sich interessieren,
was wesentlich ist,
bleibt die Ablenkung aus.

So ist der Weg gerade,
wenn der Fokus ausgerichtet ist,
du die gewohnten Umwege vermisst,
geht es schneller voran.

Immer wieder im Visier,
dass du den Fokus nicht verlierst,
bleibt klar dein Plan,
von Anfang an.

Er dich somit leitet,
dich begleitet,
wohin du ausgerichtet bist,
du kein Ziel mehr vermisst.

Ins Schwarze tust du treffen,
bleibst du deinem Fokus treu,
entsteht auch etwas neu,
wird er dich leiten und führen,
ohne dabei etwas zu verlieren.

Entscheidung

eine Form von Macht,
bringt dir die gesamte Pracht,
hast du sie getroffen,
die Entscheidung.

Kein Hintertürchen offen,
auf etwas Besseres hoffen,
bleibt dir erspart,
scheint es auch hart.

Entscheidungen uns täglich begleiten,
von wem oder was lassen wir uns leiten?
Kann sie mir tatsächlich Freude bereiten,
oder ist sie ein „Muss"?!

Bei einem MUSS, stellt sich ein - der Frust,
auch ein SOLL, ist nicht toll,
ein DARF, zwar weniger scharf,
und mit KANN, lässt sich schon etwas anfangen,
doch im SEIN, stellt sich die Freude und Begeisterung ein.

Zu wissen, für was wir uns entscheiden,
können wir diese in Leid und Freude unterscheiden,
welche der beiden wollen wir haben?
Lässt sich die Entscheidung anders tragen.

Nicht dazu gezwungen,
oder mit ihr gerungen,
bewusst sie getroffen zu haben,
kann sich die Seele dran laben.

So liegt in ihr das Agieren,
nicht mit ihr zu reagieren,
offenbart sie ihre ganze Kraft,
erstaunt, was du mit ihr schaffst.

Entscheidungen sind immer gefragt,
hör auf deine Stimme, sie dir diese sagt,
kannst du dem vertrauen,
leicht und gelassen auf ihr bauen, wirst du dich trauen!

Maske

Gesichter - so vielfältig können sie sein,
schaut man offen und ehrlich in sie hinein,
laufen viele mit einer Maske herum,
ich frage mich, warum?

Sie zeigen nicht, wer sie wirklich sind,
als ob sie was zu verstecken haben - geschwind,
wollen anders erscheinen,
wichtig, wie sie anzukommen meinen.

Was wird von einem gehalten,
möchte man seine Maske behalten,
wer zeigt schon gern sein wahres Ich,
macht es doch viel zu verletzlich.

Müssen wir uns davor schützen,
tun wir eine Maske benützen,
sie uns vor vieles bewahrt,
sind erstaunt, wenn es anders kommen mag.

Gibt es jene, die dahinter sehen können,
man fragt sich, woher sie einen so gut kennen,
lassen sich von dem Außen nicht blenden,
eher die Aufmerksamkeit auf das Innere lenken.

Sie zeigt dann das wahre Gesicht,
kann es nicht führen jenen hinters Licht,
spürt dein wahres Ich,
verständnisvoll, begeistert es dich.

Authentisch in diesem Moment,
ein Gefühl in dir, welches du gut kennst,
kannst du die Maske fallen lassen,
fühlt sich dein wahres Ich nicht mehr allein gelassen.

Von anderen so wahrgenommen,
hast du mit Vertrauen begonnen,
zu zeigen - dein wahres Gesicht,
sitzt du fortan in einem ganz anderen Licht.

Trugbilder

Sie sind der Schein der Erde,
auf dass ich Herr dieser werde,
gesendet über den Verstand,
ich sie ausschließlich im Außen fand.

Trugbilder – mit ihnen sind wir konfrontiert,
zeigen dir, was passiert,
sie wollen uns verleiten,
augenblicklich fängt an das Leiden.

Aus Trugbildern, entsteht ein Trugschluss,
den man sich bewusst machen muss,
sonst bleiben wir in diesem Schein gefangen
und können nicht wirklich zur Wahrheit gelangen.

Mit unserem Verstand können wir diese nicht sehen,
wir brauchen dafür unser inneres Verstehen,
wird der Verstand immer einen Irrweg haben parat,
der dich prüft, ob du genügend Vertrauen zu dir hast.

Mit deinen Gefühlen,
kannst du hinter solche Trugbilder spüren,
die dir ganze Geschichten erzählen wollen,
dich abbringen, auf dem Herzensweg vorwärts zu rollen.

Bei dir zu bleiben in solcher Situation,
in voller Achtsamkeit und Konzentration,
wird dir das Erkennen gelingen,
du nicht mehr mit Trugbildern wirst ringen.

Dein Inneres kann sie sehen,
mit deinem Herz wirst du verstehen,
warum dieses oder jenes ist,
auch wenn du die Wahrheit dabei vermisst.

Vogelfrei

Freiheit, die ich in mir spüre,
gerne darüber ein Wort verliere,
weiß ich, was fange ich damit an,
es macht mich einfach glücklich dann.

So kann ich entscheiden,
muss nicht aushalten oder leiden,
fühle dieses Frei in mir drin,
dass ich im Sein kann, wie ich bin.

So genieße ich es, zeitlos zu sein,
stellt sich kein Stress oder Druck ein,
bin immer zur rechten Zeit am richtigen Platz,
das ist wahrlich für mich ein Schatz.

Der Eile wird kein Raum gegeben,
viel zu schön dieses Frei zu erleben,
keine Verrenkungen und Beschränkungen,
komme ich leicht an jedes Ziel.

Gelassen und entspannt
findet dich die Freiheit,
hast du zu treffen eine wichtige Entscheidung,
ist sie die beste Begleitung.

Denn frei auch im Kopf zu sein,
stellt sich eine große Veränderung ein,
Impulse, Ideen und Lösungen finden ihren Weg,
die Freiheit zeigt dir, wie es geht.

Darum entdecke sie nun,
sie kann vieles für dich tun,
frei wie ein Vogel zu sein,
stellt sich Weite in unserem Bewusstsein und Herzen ein.

Traumwelt

Nicht jeder von ihr etwas hält,
oder ein Traum nicht gefällt,
tut er den Alltag verarbeiten,
manchmal auch Freude bereiten.

Geschichten kann er weben,
werden sie wahr oder eingebildet eben,
Symbole kann man dort finden,
möge die Entschlüsselung gelingen.

Geht jeder mit dieser Welt anders um,
manch einen interessiert das Warum
und bringt die Auslegung etwas ans Licht,
heißt es oftmals: ein Traum – das glaub ich nicht.

Wieder andere arbeiten mit ihm sogar,
sehen im Alltag durchaus Verbindungen und sehen
klar,
dass dieses oder jenes eine Bedeutung hat,
interessant, was man daraus macht.

Brauchen wir nur die Aufmerksamkeit darauf richten,
wird sich aus dieser Welt einiges lichten,
kann uns Hinweise und Lösungen geben,
wenn wir anfangen, sie zu sehen.

Umso größer unser Interesse ist daran,
fängt solches Träumen von ganz alleine an,
ein „Ich schlafe so tief, ich kann das nicht.",
gibt es im Grunde nicht.

Eine Art andere Informationsquelle,
schickst du sie los, die Welle,
gehst mit ihr durch die Nacht,
kommt es nur darauf an, was du aus ihr machst.

Frei in der Liebe

Das durfte ich heute erfahren,
frei in der Liebe zu sein,
stellt sich keine bestimmte Form von ihr ein,
sondern ich entscheide es ganz allein.

So kennen wir viele Formen der Liebe,
zu Bruder, Schwester, Mann und Kind,
Mutter, Vater, wer wir sind,
können wir sie auch in der Natur erfahren.

Unterschiedlich unser Band,
was uns hier oder dort verbindet,
die Liebe sich findet,
in ihrer Unterschiedlichkeit.

Für was oder wen - bin ich sie zu geben bereit?
Ist mein Herz nur für bestimmte Dinge weit,
oder kann alles darin Platz bekommen?
Wird auch keinem das "Liebeslicht" genommen.

In allem die Liebe zu stecken,
wird es Hoffnung, Freude und Glück erwecken,
kann uns motivieren, interessieren, berühren,
ganz gleich was oder wen wir lieben.

Es fühlt sich so frei an,
aufblühen und zu entfalten,
sie allein oder im Verbund zu gestalten,
kommt aus unserem Herzen - die Liebe der Freiheit.

Seele

Woran können wir sie erkennen?
Was von ihr benennen?
Sie wachsen will,
bleibt es in uns nicht still.

Veränderung ist ihre Sache,
sie es sich nicht einfach mache,
in die Entwicklung zu gehen,
sind herausfordernd ihre Themen.

Themen gibt es unzählige,
intuitiv wissen wir, um was es geht,
damit sich in uns was bewegt,
und wir es auch verstehen.

Bleiben wir dabei nicht stehen,
Wachstum wollen wir sehen,
er zeigt sich im Außen dann,
schaue ich mir meine Seele an.

Sie weiß was sie braucht,
doch nicht immer einfach ihr „Gebrauch",
haben wir oftmals den Zugang zu ihr verloren,
hören unsere innere Stimme mit tauben Ohren.

Sie wiederzufinden,
wird es dir gelingen,
in Verbindung mit ihr zu sein,
stellt sich die selige Veränderung ein.

Wir fühlen was ist für uns wichtig,
wie machen wir es richtig,
sind wir von einem Gefühl getragen,
zu unserer Seele einfach Ja zu sagen.

...sie wird alles im Leben wagen!

Verletzbarkeit

Sie macht sich bei mir gerade breit,
wir können schnell in sie geraten,
von Menschen gut beraten
sie einen oftmals verraten.

Diese Menschen sind uns meistens nah,
deshalb können sie uns treffen - so wunderbar,
oftmals mitten in Herz,
setzt er schließlich ein - der Schmerz.

Können wir es nicht fassen,
wie konnten wir uns darauf einlassen,
unser Vertrauen missbraucht,
von Menschen, die uns wichtig waren.

Loyalität - hat sie heute noch ihren Wert?
Ehrlich und offen in der Freundschaft zu sein,
stehe ich damit wirklich allein?
Ist er so viel wichtiger - der Schein?

Fragen aus eigener Erfahrung
finden hier ihre Offenbarung,
ob Beziehung, Ehe, Partnerschaft,
hat die Verletzlichkeit ihren Platz.

Jeder will Gewinner sein,
drum stellen wir uns aufs Siegen ein,
egal was wird hinter uns gelassen,
wollen wir Erfolg und Glück zum Anfassen.

Gefühle bleiben außen vor,
schieße mit dem Gewissen kein Eigentor,
verletzten lasse ich mich nicht mehr,
mache es meinem Gegner schwer.

Doch unser Herz bleibt auf der Strecke,
ich in diesem Business, mit dieser Moral verrecke,
komme ich an einen Punkt,
wo es wird für mich zu bunt.

Sind wir für einen Moment verletzbar,
können wir sehen auf einmal ganz klar,
wie ich zu mir oder anderen war,
der Spiegel wird mir vorgehalten.

Verletzte Gefühle wollen wir nicht behalten,
darum bleibt es selten beim Alten,
sind wir bereit, das Verletzte umzuwandeln,
werden wir dementsprechend handeln.

Die Empathie ist dabei ein Genie.
Wird manchmal auch die Verletzlichkeit erst erfahren,
wollen wir unser Gegenüber davor bewahren,
tritt Menschlichkeit wieder auf den Plan.

Schuld

Diese wir oft suchen,
kann sie sein so schwer,
erleichtert es uns sehr,
einen Schuldigen zu finden,

auf den wir alles abladen können,
und damit beginnen,
alles was quält heraus zu lassen,
das Ventil offen.

Ist der andere dann noch betroffen,
ist es richtig zu hoffen,
dass die Beschuldigung kam zu recht,
Befriedigung setzt ein und ist nicht echt.

Schuld bei dem anderen zu suchen,
befreit uns nicht, sondern lenkt nur ab,
schauen auf die andere Seite herab,
ist keine Lösung wirklich parat.

Denn alles fängt in uns selber an,
die Schuld – sie geht nicht voran,
sie lähmt uns eher, neue Schritte zu wagen,
unbehaglich, anzuklagen.

Schuld – eine Art Illusion,
wussten wir das nicht immer schon?
Sie heilt nicht, sondern macht nur krank,
fühlen uns schuldig und schließen den Schrank.

In der Hoffnung, dass sie irgendwann verschwindet,
oder sich mit Gleichgesinnten verbindet,
werden wir sie nicht los,
die Frage stellt sich, was mache ich bloß.

Wie schön,
gibt es später ein Einsehen,
ein miteinander verstehen,
gemeinsam nach einer Lösung zu streben.

Stillstand

Ein anderes Extrem,
für mich nicht gerade bequem,
möchte unterwegs sein,
ist der Schritt auch noch so klein.

Jedoch in die Stille zu gehen,
fange ich an, einiges auch anders zu sehen,
in der Wirkung liegt dann das Verstehen,
sie ist bei all der Action mitunter zu übersehen.

Darum mache ich mir bewusst,
dass auch Stillstand mal sein muss,
geht schon schnell genug wieder voran,
die Pause kurz, fängt es wieder an.

Doch jedes Ding hat seine Zeit,
deshalb bin ich für den Stillstand nun bereit,
damit es wachsen und gedeihen kann,
Stille, die ich gebrauche dann.

Er verfolgt ein Sinn und ein Ziel,
habe mich lange gefragt, was ist das für ein Spiel,
kann ein Fortkommen nicht sein zu viel,
Stillstand, ich danke dir.

Stillstand - er zeigt dir ganz genau auf,
du bist vielleicht nicht gekommen darauf,
dieses oder jenes noch zu beachten,
die Situation nicht zu überfrachten.

Stillstand - für dich brauche ich Zeit,
bin bereit, sie mir zu nehmen,
in der Stille liegt das Vergeben.

Und wenn ich über etwas hinweg gegangen bin,
bekomme ich damit den Anschluss wieder hin.
Ich schließlich für diese Möglichkeit dankbar bin,
haben die Stille und der Stand ihren Sinn.

Schatten

Er holt mich ein,
bin allein,
weiß sogar, es muss so sein,
bevor die Veränderung stellt sich ein.

Fühle mich gelähmt,
müde, es in mir gähnt,
unmerklich der Fortschritt,
ist die Langsamkeit gefragt.

Leuchtet hell mein Licht,
sehe mich selber nicht,
bin ich im Schattenbereich,
schwimme im dunklen Teich.

Keine bestimmte Richtung,
kommt es hier und da zur Begegnung,
bin ich mit dem Schatten konfrontiert,
spannend, bin ich an ihm interessiert.

Zeigt mir, die vielen leuchtenden Momente,
die ich hatte - bis es gab die Wende,
und ist der Schatten dagegen klein,
fällt mir dennoch keine Lösung ein.

Die ihn verschwinden lässt,
ist es mir klar,
dass auch dieser ist immer da,
ganz egal - was ist oder wahr.

Er - der das Licht, das Leuchten stets begleitet,
mit der Dunkelheit – Seite an Seite,
entscheiden wir, wo wir uns sehen,
im Licht oder in dem Schatten stehen.

Stehe ich momentan im Schatten drin,
frage mich nach dem Sinn,
wo möchte ich hin,
gibt es nur...- ein zu DIR!

Heilung

Ob ein Chaos in mir wühle,
ich den Frust herunter spüle,
in Selbstmitleid versinke,
ausgebrannt, ertrinke.

Kann ich so nicht weitermachen,
aufgehört hat mein Lachen,
die Lebenslust verloren,
gibt es scheinbar nur noch Sorgen.

Körperlich fit,
bekommt keiner was mit,
wie es drinnen in mir aussieht,
die Hoffnungslosigkeit geschieht.

Möchte ich heraus aus diesem Kreis,
hinter mir lassen all den Scheiß,
der mich so entfernt von mir.
Wie ist das zu schaffen hier?

Gibt es die Heilung der Gefühle,
ich diese noch in mir spüre,
nehme ich sie genauer unter die Lupe,
Veränderung, die ich suche.

Wo wollen meine Gefühle hin?
Wichtig - wer ich wirklich bin!
Das in meinen Alltag zu integrieren,
ohne Zweifel und Angst mich zu engagieren.

Lebensqualität wieder zu erreichen,
stelle ich mit meinem Herzen die Weichen,
geschieht in dieser Situation,
die erhoffte Transformation.

Die Heilung kann beginnen,
ich mich auf mein Herz, meine Gefühle besinne,
lerne ich authentisch zu sein,
kein auseinandersetzen - mit dem Schein.

Ist es absolut befreiend dann,
stoße ich auch hier oder dort an eine Grenze an,
kann ich mir vertrauen,
und mir wieder ins eigene Gesicht schauen.

So wird vieles heilen,
diese Erkenntnis fehlte mir bisweilen,
schaue jetzt genauer in mich hinein,
verstehe - wie es ist zu SEIN.

Ein Moment...

...den wir erleben,
er kann uns alles geben,
verändern sogar ein ganzes Leben,
machen wir uns ihn bewusst.

Mit wem oder was machen wir Schluss?
Etwas Neues beginnen muss,
wechseln wir die Richtung,
um zu stehen auf einer Lichtung.

Die sich im Moment hat aufgetan,
fangen wir die Wandlung an,
dem eigenen Weg zu folgen.
Wie sieht es aus - das Morgen?

Gefühle kommen nach oben
in einem einzigen Moment,
den du nur für dich erkennst,
oder ihn auch ein anderer benennt.

Tun wir uns gerne an diesen erinnern,
lässt sich das Negative damit verhindern,
mit einem Glückgefühl oftmals verbunden,
brennt er sich ein in Sekunden.

Einen Moment – den vergesse ich nie,
ob heute, gestern, jetzt und hier,
möchte ich ihn teilen mit dir,
ich das Gefühl daran niemals verlier'.

Momente, die das Leben schreibt,

dieser für immer bei uns bleibt,

prägt sich ein und kann uns nähren,

was immer wir auch begehren.

Liebesqualität

Was man wohl unter ihr versteht,
habe ich gestern Antworten erhalten,
diese muss ich gleich festhalten,
weil ihre Auslegung von Wert ist.

Ging es um die besonderen Worte,
die man findet nur an bestimmten Orten,
heißen sie - ich liebe Dich,
die Qualität schon immer von außergewöhnlichem Gewicht.

Sagst du es nicht jedem ins Gesicht,
du ein bestimmtes Gefühl damit verbindest,
es jedoch nicht nur bei einem findest,
zeigt es sich vielleicht auch hier und da.

Du hältst es anfänglich für sonderbar,
dein Gefühl jedoch ist ganz klar,
möchtest mit diesen Worten der Liebe,
die Qualität transportieren.

Was sind diese Qualitäten nun,
diese Frage stellte sich mir,
Vertrauen, Geborgenheit kommt von dir,
ich das Gefühl der Liebe spür'.

Beflügeln kann ein anderer mich,
geht mit Begeisterung mit mir ins Licht,
kommt auch da ein „Ich liebe dich!",
weil ich weiß, du verstehst mich.

Ich liebe dich – von wunderbarer Qualität,
der eine oder andere es auch richtig versteht,
wenn dieses kommt aus uns heraus,
die Liebesenergie nimmt ihren Lauf.

Nicht wichtig wohin wir damit gelangen,
diesen Moment einfach zu empfangen,
fühlen wir uns im Glück und beschenkt,
bewusst, dass diese Qualität uns lenkt.

So behalten wir diese Qualität nicht nur einem vor,
können auch mit anderen durch dieses Tor,
wenn das Gefühl im Herzen stimmt,
ist „Ich liebe dich" auch noch für andere bestimmt.

Wir uns in dieser Hinsicht nicht mehr begrenzen,
lassen wir die Energie der Liebe fließen,
wir sie augenblicklich genießen,
fühlen wir uns frei… auf dass es immer so sei….

Spuren des Lebens

Ein Resümee ich darin sehe,
nach hinten schau und vorne stehe,
haben wir alle unsere Spuren hinterlassen,
damit möchte ich mich gerne befassen.

Mit der Kindheit fängt alles an,
haben unsere Prägung erfahren.
Waren sie gut oder nicht?
Gab es mehr Schatten oder Licht?

Dies durchaus von Bedeutung ist,
gibt es in deinem Leben etwas, das du vermisst,
wollen wir es später kompensieren,
drohen wir auf der Suche, uns selbst zu verlieren.

Was hat uns gefehlt,
vielleicht auch gequält?
Sind diese Spuren geblieben,
oder wurden sie vertrieben?

Wo stehe ich heute,
gibt es besondere Leute,
die mich gerne in meinem Leben begleiten,
und mir Freude bereiten.

Freundschaft sich einstellt,
und den Alltag erhellt,
sie auch da,
wenn es bei mir dunkel ist.

Liebe zu erfahren,
das Leben zu bejahen,
voller Vertrauen in meinem Tun,
ist mein Ergebnis nun.

Spuren des Lebens, sie sind nie vergebens,
Entwicklung, Wachstum, Erfahrung,
ihre eigentliche Offenbarung.

Feuerwerk

Ich habe gestern eins gesehen,
eine wahre Farbenpracht war zu erleben,
hoch in den Himmel hinein,
stellte sich bei mir so einiges ein.

Ein Feuerwerk der Gefühle,
ich dies parallel zu diesem Ereignis spürte,
hochgeschossen und explodiert,
im Anschluss in die Tiefe gefallen.

Wunderschön, es zu leuchten anfing,
dachte ich mir, dies ist wirklich ein Ding,
genauso kann unser Herz starten,
sich entfalten und wieder erkalten.

Das Glück erleben – hoch hinaus,
kann es genauso sein wieder aus,
doch alleine diese Pracht, ein Hochgefühl zu erleben,
ist es wert sich darin zu ergeben.

Das eine kann ohne das andere nicht sein,
in dunkler Nacht, stellt sich das Licht ein,
in diesem Glanz der tanzenden Lichter,
schaute ich in glückliche Gesichter.

Und stellte sich auch die Dunkelheit wieder ein,
voller Vorfreude zu wissen es wird gleich Licht,
ließ uns dieser Augenblick die Mitte erkennen,
auch wenn es anfängt wieder zu brennen.

Am Himmel so hoch,
fällst du nicht bodenlos in ein Loch,
wirst von deiner eigenen Mitte abgefangen,
damit du schneller kannst wieder nach oben gelangen.

Ist es also untrennbar miteinander vereint,
können wir feststellen was unsere Mitte dazu meint,
wie tief sind wir zum Fallen bereit,
um sich wieder in die Höhe zu katapultieren, gibt es kein
verlieren.

Unlust

Wer kennt sie nicht?
Zu nichts kann man sich aufraffen,
mag noch nicht mal in den TV gaffen,
einfach nichts los, was mache ich bloß?

Alles, was ich mir vorgenommen habe,
keine Lust in meiner momentanen Lage,
eine Stimmung in mir, sowas von egal,
Unlust, selbst sie scheint eine Qual.

Nicht, dass ich mich wirklich quäle,
Unlust, auch welchen Weg ich gehe,
spüre ich irgendwie eine Leere in mir drin,
vielleicht liegt in der Ruhe der Sinn.

Dieser kann ich mich hingeben,
die Stille total im Erleben,
sie sitzt in jedem Winkel meines Körpers,
keine Aktivität wird aufgestöbert.

So lasse ich dies geschehen,
wohin es mich führt, ich werde es sehen,
mal zu haben keinen Plan,
fange ich mit einem Moment an.

Soll sich meine Leere füllen,
wann tut es sich erfüllen,
worauf mein Herz hat solche Lust,
ich einen Weg dahin finden muss.

Wenn sich etwas zu Ende neigt,
sich auf einmal das Vakuum zeigt,
macht dich diese Leere bereit,
etwas Neues anzufangen.

Um dorthin zu kommen,
beginnt es mit ihr,
Ideen und Impulse schenkt sie dir,
nimmst du die Leere an.

Entsteht ein neuer Raum,
zeigt dir womöglich deinen Traum,
wie kannst du zu ihm gelangen,
bleibst nicht im Vakuum gefangen.

Diesen Platz im Kopf zu haben,
kannst du dort einiges empfangen,
zeigt es sich plötzlich ganz konkret,
was in Zukunft so alles geht.

Nötig dieser Zustand jedoch ist,
damit du weißt, wer du bist,
wohin geht dein Gang,
kannst du ihn nur so empfangen.

Die Leere - das Vakuum - also wertvoll,
finden wir sie vielleicht auch nicht so toll,
wissen wir jetzt was es soll,
dienen sie uns zum eigenen Wohl.

Wege

Wo führen sie mich hin?
Die Frage spüre ich ganz deutlich,
nehme sie wörtlich,
wohin…?

Auf einem Weg alles enthalten,
geht es darum uns zu entfalten,
oder lassen wir alles beim Alten,
weiß ich nur, es geht voran.

Umweg hier, Kurve da,
Einbahnstraße – na wunderbar,
wieder an eine Kreuzung angekommen,
welche Richtung wird genommen?

Gibt es der Wege viele,
ich einen für richtig hielte,
befand ich mich auf der Autobahn,
und kam in manchen Bereichen schnell voran.

Doch auch Schleichwege sind wichtig,
erkennst die Stationen richtig,
kannst in ihnen die Schönheit sehen,
wenn du kannst auch nur langsam gehen.

Bringt jeder Weg einen irgendwann ans Ziel,
egal ob er uns leicht oder schwierig fiel,
manche gehen den Weg zusammen oder lieber allein,
kann es für jeden unterschiedlich sein.

Auf Wegen die wir lieben,
bleiben wir nicht liegen,
kann es hier und da auch mal eine Panne geben,
werden wir stets auf ihnen vorwärts gehen.

Wir können fahren und auch fliegen,
ganz nach unserem Belieben,
erbringen wir jede Leistung,
mit der Liebe als Begleitung.

Rhythmus

Der Rhythmus, der mit muss,

in allen Lebenslagen,

zieht er sich weit und breit,

bildet mit vielen erst die Einheit.

Ob in Zyklen in der Natur,

fließt er nicht durch den Körper nur,

er ist an vielen Orten zu finden,

tut sich mit uns gerne verbinden.

Ihn in sich zu fühlen,

lässt die Lebendigkeit spüren,

so tanze ich mit dir,

standst auf einmal dicht vor mir.

Habe mich in deine Arme gegeben,

um meinen Lieblingssong mit dir zu hören.

Zogen wir uns dicht aneinander heran,

und fingen eng, einen Blues, zu tanzen an.

Rhythmisch und fein,

stellte sich unser Rhythmus ein,

ließen ihn durch den Körper fließen,

konnte uns dem hingeben und genießen.

Mein Bein zwischen den deinen,

ließ uns die Hüfte vereinen,

die sich gekonnt hin und hier wiegte,

der Rhythmus in ihr siegte.

Von Anfang an, mit dir im Einklang,

gaben wir uns diesem Rhythmus hin,

Kopf an Kopf, Bauch an Bauch,

fühltest du es auch.

Dieser Moment - er dehnte sich aus,

ich finde dabei heraus,

dies im Hier und Jetzt mit dir zu erleben,

ist für mich der Sinn am Leben!

Geheimnis

Wann haben wir eines,
wir etwas für uns behalten,
ist in ihm dann schon ein Geheimnis enthalten,
oder ist es noch keins.

Es nur bestimmten Menschen erzählen,
es nicht bei jedem erwähnen.
Ist es dann als solches zu bezeichnen,
wird es dich jemals erreichen?

Jeder eines in sich trägt,
es im Leben ohne dieses nicht geht,
macht durchaus das Leben aus,
dass ich nicht unbedingt gekommen darauf.

Gibt es doch den richtigen Zeitpunkt,
mit dem Geheimnis als Standpunkt,
es dir zu sagen,
damit nicht entstehen unerklärliche Fragen.

Also öffne ich mich nun,
dir mein Geheimnis kund zu tun,
damit du mich besser verstehen kannst,
auch wenn du davon gar nicht ahnst.

Macht es die Sache schlüssig,
es zu sagen, also nicht überflüssig,
das Gegenteil ist hier der Fall,
Erkennen liegt in diesem Mal.

So fange ich damit an,
hattest dir dieses oder jenes zu erklären versucht,
mit dem Geheimnis, die Leichtigkeit dich auf einmal besucht,
hast mit deinem Gefühl richtig gelegen.

Gelüftet ein Geheimnis, sind wir stark,
um im Vertrauen zu bleiben,
ist dieses nicht mehr schwer,
erleichtert auf beiden Seiten dafür sehr.

Kann Liebe gehen?

Diese Frage kam von anderer Seite,
auch dort eine Liebe empfunden,
mit ihr auch tief verbunden,
Freundschaft.

Auch in ihr die Liebe zu sehen,
ohne Worte vieles verstehen,
Vertrauen in ihr liegt,
Voraussetzung, wenn man liebt.

Ein Band ist entstanden,
wir aus dem Nichts zueinander fanden,
an einer Stelle, die Liebe erkannt,
an anderer - sie einfach verschwand?!

Spüre ich einen Schmerz,
er sitzt mir im Herz,
Trauer nehme ich dort wahr,
... hatten wir es nicht wunderbar?

Als wir zusammenfanden,
ist pures Glück und Freude entstanden,
freiwillig mochten wir uns nicht trennen,
Freundschaft war mit Liebe zu benennen.

Nach all dem...,
kann diese fortgehen,
wir uns nicht mehr sehen,
Unverständnis ist geschehen.

Ist die Liebe gegangen,
aus der wir Verständnis und Toleranz empfangen,
den anderen so lassen wie er ist,
dass habe ich bei dir vermisst.

Alles was hat uns an dem anderen gefallen,
fand auf einmal keinen Platz,
wie konnte das passieren,
ich kann es einfach nicht kapieren.

Mit der Liebe kam eine Tiefe,
die konntest du nicht ertragen,
was ist in einer Freundschaft zu wagen,
kann man sich nicht alles sagen.

Verletzungen wurden ausgetauscht,
vieles aufgebauscht,
um aus dieser Tiefe zu entfliehen,
die Liebe nur geliehen?

Oder kann sie für immer gehen,
wenn in ihr diese Tiefe liegt,
mehr, als wären wir verliebt,
Herz und Seele miteinander verbunden.

Sie ist nicht wirklich zu trennen,
darin liegt mein Erkennen,
wir können es nach außen tragen,
vieles darüber sagen.

Doch die Seele, hat diese Liebe erkannt,
sich für immer mit dem Herzen verbindet,
sie eben nicht einfach verschwindet,
bleibt sie ein Leben lang.

Täuschung

Worin liegt ihre Motivation,

uns nicht zu offenbaren,

einen lassen im Unklaren,

uns vielleicht vor Entscheidungen zu bewahren.

Es also immer wieder passiert,

wird sie uns präsentiert,

mitunter so ungeniert,

dass sie mich nahezu fasziniert.

Hat derjenige etwas zu verlieren,

mag er sich vor irgendetwas genieren.

Warum macht sich die Wahrheit und Offenheit so rar?

Es ist mir nicht immer klar.

Oftmals wird diese benutzt,

als Schutz,

vor den eigenen Gefühlen,

wer mag schon, wenn wir in ihnen „wühlen".

Durchschaubar mag auch keiner sein,

da fällt einem auch die Täuschung ein,

sie lässt einem in jedem Licht erscheinen,

Hauptsache die Wahrheit bleibt bei mir alleine.

So kann ich sie nur annehmen,

jedem, der sie benutzt, vergeben,

denn jeder, der nicht auf sich vertraut,

schließlich auf diese baut.

Und stürzt sie hier und da auch ein,

fühlen wir uns mit dieser weniger allein,

ist unser Vertrauen jedoch groß genug,

erkennen wir in der Täuschung den Betrug.

Spüren, er tut uns nicht wirklich gut,

darum ist es schön - haben wir den Mut,

unseren Mitmenschen mit Wahrheit zu begegnen,

erleben wir ein sinnvolles Leben.

Natur

Fuhr ich heute mit dem Rad,
auf einem bekannten Pfad,
Sonnenschein in Wald und Flur,
Herbstluft lag in der Natur.

Atmete ich sie tief in mich hinein,
waren meine Gedanken ganz klein,
konnte ich mich mit der Natur verbinden,
jedes Hindernis ließ sich überwinden.

Auch gibt es Wege, die sind hart,
sie bleiben einem nicht erspart,
mache ich mir das bewusst,
weiß ich, dass es genauso sein muss.

Dies zu erkennen,
lässt Lösungen finden,
sich mit der Umsetzung verbinden,
werden die harten Wege verschwinden.

Dann kommt ein Weg, der ist sandig und weich,
denke „Ach, das wird ganz leicht.",
fange ich an zu schlingern,
bloß das Tempo jetzt nicht verringern.

Sich einzustellen,
auf die Unebenheiten des Lebens,
sucht man nach seiner Natur nicht vergebens,
werden wir die Wahre in uns finden.

Der Weg er wird gefahren oder gegangen,
so, wie wir es im inneren empfangen,
vertrauen wir dieser Natur,
kommt es aus uns authentisch und pur.

Ich atme tief ein,
so schön lässt sich die Natur außen,
mit dem Inneren vereinen,
fallen mir plötzlich viele Lösungen und Wege ein.

Toleranz

Was tun wir tolerieren?
Dies tat mich interessieren.
Wo fängt sie an,
wie weit kann sie gehen?

Geht es dabei um Sachen,
die wir nicht machen,
aus unterschiedlichen Gründen,
die andere aber super finden.

Sie zu erweitern,
tat mich im Gespräch erheitern,
Toleranz in Grenzen,
egal wie groß sie ist, stoßen wir irgendwann an.

Selbst also in der Toleranz,
ich den Widerstand fand,
denken oftmals, wie offen wir damit sind,
doch mit Grenzen - ist er fort geschwind.

Eine Toleranz ohne Begrenzung,
fand ebenfalls ihre Benennung,
sie endet im Mitgefühl,
in einer Weite, es sich stets ausbreite.

So stellt sich Verständnis ein,
gleichgültig das Thema, man ist nicht allein.
Mitgefühl, also die Erweiterung von Toleranz,
sich dieses in unsere Herzen pflanzt.

Der kleinste Widerstand in uns aufgelöst,
ist er verschwunden,
haben wir selbst die Toleranz überwunden.

Einblicke

Wenn ich so zurückblicke,
bekomme ich sie hier und da -
Sind sie real,
und wirklich wahr?

Das herauszufinden,
lässt sich machen,
wenn wir aufwachen,
und uns das Bewusstsein erreicht.

Dann wird es leicht,
wohin uns Einblicke führen,
können wir die Wahrheit damit berühren,
und einen Ausblick erkennen.

Diesen so zu benennen,
ist es ein Ziel,
welches uns gibt viel,
gehen wir dort entlang.

Einblicke, die ich empfang,
geben mir den Ausblick bekannt.
Hat er einen Sinn,
oder muss ich ihn erst finden?

Werde ich diesem folgen,
wird er mir die Erkenntnis besorgen,
die ich brauche, um es zu tun,
dem Ausblick entgegen.

Wird er viel bewegen,
Veränderung bringen,
mir mit den Einblicken,
die Ausblicke gelingen.

Das Tun von der Hoffnung getragen,
werde ich damit fortfahren,
diese Wege zu gehen,
in Ein- und Ausblicken den Fortschritt zu sehen.

Jetzt und Hier

Darum geht es mir,
weder im Vergangenen zu verweilen,
noch in die Zukunft zu eilen,
sondern im Moment zu sein.

Achtsam gegenwärtig,
macht es uns nicht fertig,
wenn wir keine Vorstellungen haben,
welchen Weg können wir wagen.

Haben wir statt Antworten nur Fragen,
lässt sich auch das viel leichter ertragen,
im Hier und Jetzt zu bleiben,
aufhören tut das Leiden.

Ergeben sich die Dinge,
das Ergebnis uns gelinge,
im Augenblick zu sein,
stellen sich die Lösungen ein.

Drängt uns der nächste Schritt,
nehme ich die Geduld mit,
zu warten auf den jetzigen Impuls,
den Weg fortzuschreiten.

Das Hier und Jetzt,
uns nicht verletzt,
es uns leitet und führt,
stets dabei das Herz berührt.

Hat der Verstand auch keine Erklärung,
kommt er gerne mit der Ablehnung,
negativ seine Energie,
führt sie dich heraus – aus dem „ Jetzt und Hier".

Vorstellungen und Planungen stellen sich ein,
die Versuchung dem zu folgen, holt dich ein,
doch differenziert sei deine Sicht,
du das „Jetzt und Hier" nicht vergisst.

Es wird entscheiden,
was wird uns im Leben begleiten,
uns Glück und auch Freude bereiten,
von Liebe und Erfolg sein.

Bewusst den Augenblick zu erkennen,
die Dinge beim Namen zu nennen,
sich seinem Gefühl hinzugeben,
das im „ Jetzt und Hier" erleben.

Keine Gedanken stellen sich ein,
könnte was, wo, wie oder wann sein,
keine Kopfgeschichten entstehen,
die einen abbringen vom Geschehen.

Den Moment wahrzunehmen,
kann dieser uns alles geben,
ganz gleich um was es dabei geht,
der Erfolg dahinter steht.

Denn die Erfahrung zeigt,
dass alles ganz anders kommt,
als man denkt,
dass „Jetzt und Hier" - wird vom Herzen gelenkt.

Können sich Verstand und Herz verbinden,
werden wir den Weg im Hier und Jetzt finden,
statt vorstellen oder planen, kommt es zur
Spontanität,
sie zeigt mit ihrer Originalität, wie es geht!

Kreuzung

Stehen wir an dieser dran,
was fangen wir damit an?
in diese Richtung zu gehen,
oder die Entgegengesetzte zu wählen?

Welcher Weg ist richtig,
für uns wichtig?
Haben wir diese zur Wahl,
beginnt die Qual.

Links oder rechts,
vor oder zurück,
wo liegt für mich der Erfolg
und das Glück.

Mit dem richtigen Gefühl im Bauch,
sehe ich die Richtung auch,
ist dieser Weg zu beschreiten,
so lasse ich mich leiten.

Ist in ihm noch nichts Konkretes enthalten,
lasse ich mein Gefühl walten,
und gehe ihn,
statt anzuhalten.

Die Stationen, sie zeigen sich,
kann ich zeigen mein wahres ich,
ist er schwer oder leicht,
leer oder reich.

Alles ist zu entdecken,
schaust du auch um die Ecken,
mit Neugier und Ideen,
wirst du den richtigen Weg wählen.

Er sich einem offenbart,
scheint es auch manchmal hart,
kommt an anderer Stelle,
die erfolgreiche Welle.

So lasse ich mich von meinem Gefühl leiten,
meinem Herz tut es Freude bereiten,
es fühlt sich so leicht an,
schließt sich mein Verstand an.

Beide in dieser Harmonie,
dieses Gefühl vergesse ich nie,
zeigt uns wohin es geht,
auch zu sehen, wie es um uns steht.

Beginnen wir auf dem Weg zu sein,
stellt sich auch die nächste Kreuzung ein,
höre ich in mich hinein,
wo möchte ich tatsächlich sein.

Folge ich diesem Bild oder Gefühl,
ich dabei nicht den Impuls verlier´,
der mir bringt die Inspiration,
kann ich schon sehen die nächste Station.

Geht es dann um das Gestalten,
lohnt es sich dort anzuhalten,
bevor es wieder weitergeht,
unserem Ziel entgegen, wird jede Station viel bewegen.

Auch wenn man mal die falsche Richtung nimmt,
die nächste Kreuzung kommt bestimmt,
lässt sich alles korrigieren,
wofür wir uns interessieren.

Egal wo wir auch sind,
jeder seinen Weg früher oder später finden wird.

Unsicherheit

Die Sorge und Angst in dir so weit,
macht sie sich bei dir breit.
Unsicherheit in dir drin,
wo liegt darin der Sinn.

Förmlich tut es dich lähmen,
überhaupt noch einen Weg zu gehen,
möchtest Halt und Geborgenheit,
ist sie nicht zu sehen - weit und breit.

Hast du alles versucht,
Panikattacke dich heimsucht,
beginnst an zu weinen,
fühlst dich so alleine.

Perspektive, wo ist sie geblieben?
Keine Intuition in dieser Situation.
Ist sie gegangen,
wie kannst du wieder zu ihr gelangen?

Fühlst den mächtigen Verstand,
allein durch ihn die innere Stimme verschwand,
jedoch, dein Vertrauen ist noch da,
Hoffnung – sie bleibt wahr.

Umso stärker diese wieder wird,
wird dein Inneres erhört,
Angst und Sorgen wegzuschieben,
fängt dein Herz das Leben wieder an zu lieben.

Die Chancen unendlich,
folgst du wieder dem inneren Gefühl,
erkennst den Sinn,
wo zieht es dich hin.

Ist der Kampf von dir abgefallen,
genauso wie die Bitterkeit,
bist du jetzt -
für die Süße des Lebens bereit.

Nichts – wo alles ist...

... als Leere,
kommt sie uns in die Quere,
dabei eher eine Lehre,
ich sie nicht verwehre.

Ganz im Gegenteil ist sie von Nutzen,
wir sie gerne in der Meditation benutzen,
streben wir sie an,
sind enttäuscht, wenn es anders kommen kann.

Dieses Nichts – ein leerer Raum,
für viele ist das der Traum,
fernab von jedem Gedanken,
können wir neue Kraft tanken.

In diesem Nichts,
frei von allem Alten, ist in ihm alles enthalten,
was wir brauchen, um uns zu entfalten,
mit frischen Ideen unser Leben zu gestalten.

Daher ist dieses Nichts so begehrt,
nichts wird dir von ihm verwehrt,
bist du dort angekommen,
wird wahr - was dort entsteht.

Es ist nicht mehr zu übersehen,
kannst es ganz klar verstehen,
ist aus dem Wesentlichen entstanden,
kannst zu deinem persönlichen Ziel gelangen.

Darum finde diese Leere – das Nichts in dir drin,
es zeigt dir den wahren Sinn,
aus dieser Richtung den Weg zu gehen,
wirst du den Erfolg für dich sehen.

DANKE!

Ich bedanke mich bei allen, die mich auf dem Weg des Herzens begleitet und mich im Gespräch inspiriert haben, über die verschiedensten Ansichten und Meinungen zu reflektieren und zu philosophieren.
Wunderbare Worte wie „erfahrbar", „wesentlich", „Liebesqualität" und einige mehr, die sich in meinem Herzen dabei eingepflanzt haben und mein Leben bereichern.
Für alle diese Gedanken, Impulse, Ideen und der Sprache des Gedichts möchte ich mich bedanken und an dieser Stelle besonders wertschätzen.

In Liebe, Verbundenheit und Dankbarkeit

Heike Blietz